# BEI GRIN MACHT SICH IHR WISSEN BEZAHLT

- Wir veröffentlichen Ihre Hausarbeit,
  Bachelor- und Masterarbeit

- Ihr eigenes eBook und Buch -
  weltweit in allen wichtigen Shops

- Verdienen Sie an jedem Verkauf

Jetzt bei www.GRIN.com hochladen
und kostenlos publizieren

# Kollaborationssoftware im B-2-B-Geschäft. Die Softwareanbieter Zoom und Microsoft Teams

Octavian Zaiat

**Bibliografische Information der Deutschen Nationalbibliothek:**

Die Deutsche Nationalbibliothek verzeichnet diese Publikation in der Deutschen Nationalbibliografie; detaillierte bibliografische Daten sind im Internet über http://dnb.d-nb.de abrufbar.

ISBN: 9783346411488
Dieses Buch ist auch als E-Book erhältlich.

© GRIN Publishing GmbH
Nymphenburger Straße 86
80636 München

Druck und Bindung: Books on Demand GmbH, Norderstedt Germany
Gedruckt auf säurefreiem Papier aus verantwortungsvollen Quellen

Das vorliegende Werk wurde sorgfältig erarbeitet. Dennoch übernehmen Autoren und Verlag für die Richtigkeit von Angaben, Hinweisen, Links und Ratschlägen sowie eventuelle Druckfehler keine Haftung.

Das Buch bei GRIN: https://www.grin.com/document/1014927

FOM Hochschule für Oekonomie & Management

Hochschulzentrum Frankfurt am Main


Berufsbegleitender Studiengang zum Bachelor of Science

Wirtschaftsinformatik


Seminararbeit

(Umfang: 3828 Wörter)

# Anwendung und aktuelle Beispiele und Vergleich von Kollaborationssoftware im B-2-B-Geschäft

Octavian Zaiat

2021

# Inhaltsverzeichnis

# Abkürzungsverzeichnis

| Abkürzung | Erklärung |
|-----------|-----------|
| B2B | Business to Business |
| B2C | Business to Consumer |
| ID | Identifikationsnummer |

# 1. Einleitung

Die Digitalisierung treibt die Entwicklung der Geschäfte voran. Die aktuelle Corona-Krise hat dazu beigetragen, dass die Digitalisierung auf der ganzen Welt ein neues Niveau erreichte und die Kommunikation nur noch über elektronische Wege möglich war. Das hat dazu geführt, dass viele Softwareanbieter (wie Zoom, Microsoft Teams, WebEx, etc.) hohe Umsätze erzielten und Unternehmen und Mitarbeiter unnötige Kosten sparen konnten. Die Nutzung einer Kollaborationssoftware spielt in dieser Zeit eine bedeutende Rolle und wird für die heutige Kommunikation und Zusammenarbeit immer wichtiger. Diese neue Art von Zusammenarbeit bringt einige Vor- und Nachteile mit sich, die in dieser Arbeit zu betrachten gelten.

Derzeit gibt es viele Softwareanbieter, die gute Lösungen im B2C- und B2B-Bereich anbieten und es Unternehmen ermöglichen, ihr Geschäft während der Pandemie fortzusetzen. Einer der größten Profiteure ist laut tagesschau.de der Anbieter *Zoom*, dessen Umsatz seit Ausbruch der Krise um rund 30% gestiegen ist. Die Anzahl der kostenpflichten Abonnements hat erheblich zugenommen, da viele Unternehmen auf Videokonferenzen umsteigen mussten.[1] Der Softwareanbieter Microsoft hat ebenfalls von der Pandemie profitiert und Unternehmen und Mitarbeitern effektive Tools, zum Teil auch kostenlos zur Verfügung gestellt, sodass die interne Kommunikation weiterhin durchgeführt werden konnte. Nach Angaben von www.com-magazin.de ist die Anzahl der täglichen Benutzer seit Ausbruch der Krise auf 75 Millionen gestiegen, fast doppelt so viel wie die Anzahl der Benutzer vor Ausbruch der Krise war.[2]

Zurzeit wird nicht nur in Deutschland, sondern auf der ganzen Welt, die Frage nach dem „Arbeitsplatz der Zukunft" gestellt, da viele Menschen der Ansicht sind, dass viele Unternehmen aus Kostengründen zunehmend Methoden anwenden werden, um die Arbeit im Home-Office dauerhaft zu ermöglichen. Für Mitarbeiter und Unternehmen führt dieser Schritt dazu, dass Zeit und Kosten erspart werden. In Zukunft werden sich viele andere neue Anbieter bestehenden Anbietern

---

[1] Vgl. tagesschau.de (2020).
[2] Vgl. com-magazin.de (2020).

anschließen, da der Markt riesig und vielversprechend ist und gleichzeitig ein großes Potenzial für neue innovative Lösungen bietet, um Geschäft und Kommunikation in eine neue Ära zu führen.[3] Grund genug, diese Anbieter sorgfältig zu betrachten und herauszufinden, welche Anbieter derzeit im B2B-Geschäft eingesetzt werden.

Das Ziel dieser Arbeit wird sein, aktuelle Softwareanbieter zu vergleichen, sowie aktuelle Beispiele und deren Anwendungen zu erläutern.

## 2. Begriffsklärung

Für den Einstieg in das Thema ist es notwendig, einige Begrifflichkeiten zu klären.

### 2.1 E-Business

„Electronic Business bedeutet Anbahnung, Vereinbarung und Abwicklung elektronischer Geschäftsprozesse, d.h Leistungsaustausch zwischen Marktteilnehmern mit Hilfe öffentlicher oder privater Kommunikationsnetze (resp. Internet), zur Erzielung einer Wortschöpfung. Als Leistungsanbieter und Leistungsnachfrager können sowohl Unternehmen (Business), öffentliche Institutionen (Administration) wie private Konsumenten (Consumer oder Citizen) auftreten. Wichtig ist, dass die elektronische Geschäftsbeziehung einen Mehrwert schafft, sei dies in Form eines monetären oder eines immateriellen Beitrages."[4]

Das Internet hat zur Entstehung des E-Business beigetragen und den Marktteilnehmern, also den Unternehmern und Einzelpersonen die Möglichkeit gegeben, digitale und physische Waren sowie Dienstleistungen zu kaufen und zu verkaufen, und einen Mehrwert für die Geschäftspartner beider Parteien geschaffen. Mit der Entwicklung der Informationstechnologie konnten viele Unternehmen ihre Prozesse ins Internet verlagern, um ihren Kunden Dienstleistungen in elektronischer Form anbieten zu können.[5] E-Business hat nicht nur dazu beigetragen, dass Kosten gespart werden konnten, sondern ermöglichte die Entstehung neuer

---

[3] Vgl. fraunhofer.de (2020).
[4] *Meier, A., Stormer, H., eBusiness & eCommerce*, 2012, S. 2.
[5] Vgl. *Aichele, C., Schönberger, M., E-Business*, 2016, S. 1-2.

Geschäftsmodelle.[6] Ein großer Teilbereich des E-Business stellt E-Collaboration dar, der in dieser Arbeit betrachtet wird.[7]

## 2.2 E-Collaboration

E-Collaboration ist ein Teilgebiet des E-Business, der die elektronische Zusammenarbeit zwischen allen relevanten Parteien (Kunden, Unternehmen, Lieferanten) in der Wertschöpfungskette beschreibt. E-Collaboration ist der schnellste Weg, um mit anderen Geschäftspartnern zusammenzuarbeiten, da die Prozesse heutzutage aufgrund der Digitalisierung komplizierter geworden sind und die Kundenbedürfnisse sich sehr schnell ändern können. Informationen und neue Erkenntnisse können besser ausgetauscht und zusammengeführt werden, sodass die Entwicklung von Produktinnovationen gefördert wird.[8] Das Ziel von E-Collaboration besteht darin, Prozesse, Anwendungen und die Datenübertragung zu optimieren und gleichzeitig die Kosten zu senken.[9]

## 3. Anforderungen an die Kollaborationssoftware

Ein Leben ohne eine Kollaborationssoftware ist heutzutage möglicherweise nicht vorstellbar, denn sie bietet sowohl im privaten als auch im geschäftlichen Bereich eine immense Hilfe. Ihre Anwendung hilft bei der Einsparung von Ressourcen und Zeit, ermöglicht den mobilen Zugriff und erhöht die Produktivität der Mitarbeiter. Eine Kollaborationssoftware muss bestimmte Anforderungen erfüllen, damit sie im eingesetzten Umfeld einen Nutzen schafft, um die aufkommenden Aufgaben zu bewältigen. Die Aufgabe der Software ist, eine virtuelle Arbeitsumgebung zu erzeugen, in der die Zusammenarbeit von Mitarbeitern und Unternehmen verbessert werden kann. Die Bedienbarkeit der Software sollte einfach und intuitiv sein und den Benutzern die Möglichkeit geben, sich schnell damit vertraut zu machen. Eine solche Software sollte die direkte Kommunikation unterstützen, Prozesse in einer gemeinsamen Abstimmung koordinieren und Aufgaben und Projekte organisieren können. Um eine dauerhafte Zusammenarbeit zwischen

---

[6] Vgl. *Barton, T., E-Business mit Cloud Computing*, 2014, S. 22.
[7] Vgl. *Aichele, C., Schönberger, M., E-Business*, 2016, S. 2.
[8] Vgl. *Kober, C., Die Verhandlungsmethoden der Einkäufer*, 2018, S. 84-85.
[9] Vgl. *Wirtz, B. W., Electronic Business*, 2001, S. 40.

allen beteiligten Geschäftspartnern erreichen zu können, muss die Software die folgenden Anforderungen erfüllen:[10]

- Der Zugriff auf Daten soll plattformunabhängig sein
- Der Dateiaustausch soll zentral verwaltet werden, beispielweise in der Cloud
- Die Kommunikation soll über einen integrierten Chat erfolgen
- Aufgaben und Projekte sollen transparent sein
- Prozesse und Abläufe sollen nachverfolgbar sein
- Die Software soll Schnittstellen zu externen Systemen ermöglichen
- Die Software soll die Verwaltung individueller Rechte und Rollen sicherstellen

## 3.1 Vorteile und Nachteile

**Vorteile**

Das Internet hat auch die Art und Weise, wie Menschen und Unternehmen heutzutage zusammenarbeiten, grundlegend verändert. Die Einführung einer Kollaborationssoftware kann sich positiv auf das Geschäft im Unternehmen auswirken. Eine solche Software bringt den Unternehmen und den Mitarbeitern einige Vorteile:[11]

- Aufgaben und Projekten können vereinfacht gesteuert werden
- Die Kommunikation wird optimiert
- Die Zusammenarbeit wird flexibler
- Informationen werden in Echtzeit generiert und an einer zentralen Stelle gesammelt
- Die Produktivität wird gesteigert
- Die Transparenz im Team wird erhöht
- Zeit und Geld wird gespart

---

[10] Vgl. taskworld.com (o.J.).
[11] Vgl. placetel.de (2020).

4

**Nachteile**

Wie bei jeder Technologie, gibt es auch hier bestimmte Nachteile, die zu berücksichtigen und möglichst zu vermeiden sind. Es gibt keine hundertprozentige Sicherheit, wenn es um die Sicherheit des Datenschutzes und der Privatsphäre geht. Die Pandemiekrise und die Zunahme der Nutzer digitaler Kommunikationsdienste haben diese Probleme aufgedeckt. Seit Ausbruch der Krise waren vielfältige Cyberangriffe für solche Dienste Normalität. Nicht autorisierte Personen haben Videokonferenzen betreten, um diesen großen Schäden anzurichten. Dadurch waren die Kriminellen in der Lage, Störungen zu verursachen, Accounts zu sperren und vertrauliche Informationen zu stehlen. Obwohl diese Programme verschiedene interne Schutzmaßnahmen vorsehen, kann ein absoluter Schutz niemals garantiert werden. Ein weiterer Nachteil stellt die Überwachung und die Kontrolle der Arbeitsleitung von Mitarbeitern dar, da sie ihre Arbeit nur noch im Home Office erledigen müssen, was dazu führen kann, dass die Mitarbeiter einem höheren psychologischen Druck ausgesetzt sind.[12]

### 3.2 Funktionalitäten

Mit Hilfe einer Kollaborationssoftware können Projekte verwaltet und Arbeitsprozesse optimiert werden. Eine typische Kollaborationssoftware wird von folgenden Funktionalitäten ausgezeichnet:[13]

- **Mind-Mapping** – spezielle Tools helfen dabei, Ideen im Projekt mit anderen zu teilen und fördern dabei die kreative Arbeit,
- **Teilen von Dateien** – jede Kollaborationssoftware sollte *Filesharing* ermöglichen, damit Benutzer Dokumente und Dateien jederzeit mit anderen Nutzern teilen können,
- **Kommunikation in Echtzeit** – ist eine der wichtigsten Kernaufgabe einer Kollaborationssoftware. Die Software stellt verschiedene Kommunikationsformen wie Videokonferenzen, Instant-Messaging oder E-Mail-Funktionen bereit, sodass eine reibungslose Kommunikation zwischen Nutzern existieren kann,

---

[12] Vgl. marketinginstitut.biz (o.J.).
[13] Vgl. ionos.de (2020).

- **Kalenderfunktion** – Es stehen Funktionen zur Verfügung, die ein gemeinsamer Kalender ermöglichen, mit dem alle Teilnehmer anstehende Termine und Besprechungen synchronisieren und anzeigen können,

- **Unterstützung von Management** – Die Systeme werden hauptsächlich verwendet, um Projektverantwortlichen die Planung und Überwachung ihrer eigenen Arbeitsprozesse zu ermöglichen und so die Kommunikation zwischen verschiedenen Abteilungen des Unternehmens zu erleichtern,

- **Dokumentieren von Fortschritten und Ergebnissen** – Die Software bietet verschiedene Lösungen, mit denen Prozesse, Abläufe und Ergebnisse dokumentiert werden können,

- **Speicherung von Daten an einer zentralen Stelle** – eine wichtige Funktion ist die Dateispeicherung. Beispielsweise kann die Speicherung von Daten in einer gemeinsamen genutzten Cloud erfolgen, sodass jeder Benutzer darauf zugreifen kann,

- **Erweiterungen und Integration anderer Softwarelösungen** – Die von der Software bereitgestellte Schnittstelle ermöglicht die Integration externer Funktionen und erhöht dadurch die Flexibilität.[14]

### 3.3 Sicherheitsaspekte

Die heutigen Herausforderungen haben zur Digitalisierung vieler Geschäftsprozesse geführt. In Zeiten, in denen persönliche Besprechungen nicht mehr möglich sind, verlassen sich Mitarbeiter und Unternehmen zunehmend auf digitale Tools, damit die Kommunikation weiterhin reibungslos verläuft. Da die vielen Unternehmen derzeit im Internet aktiv sind, müssen sie und deren Geschäfte ausreichend geschützt werden. Trotz vieler Sicherheitsmaßnahmen gelingt es den Angreifern immer wieder, auf vertrauliche Informationen zuzugreifen. Um die Sicherheit der Kollaborationssoftware zu gewährleisten, sollten folgende Punkte beachtet werden:[15]

- **Stabile Netzwerkverfügbarkeit:** Die Netzwerkleitung sollte im Idealfall störungsfrei sein und über eine ausreichende Bandbreite verfügen, um eine qualitativ hochwertige Videoübertragung gewährleisten zu können.

---

[14] Vgl. ionos.de (2020).
[15] Vgl. security-insider.de (Beuchelt, Gerald, Schmitz, Peter, 22.08.2019).

Darüber hinaus können Sicherheitsmaßnahmen, wie der Einsatz eines Malware-Scanners, Firewalls und Proxy-Servern, die Sicherheit deutlich erhöhen,

- **Verschlüsselung von Daten:** Die Daten müssen in jedem Anwendungsfall verschlüsselt werden. Die von den vielen Anbietern unterstützten Funktionen: Bildschirmfreigabe, Teilen von Dokumenten oder Kommunikationsübertragung per Telefon, sollten ebenfalls verschlüsselt werden,
- **Vermeidung von unbefugten Benutzerzugriff:** Die Systeme sollten intelligente Lösungen bereitstellen, um unbefugten Zugriff vor Beginn eines virtuellen Meetings zu verhindern,
- **Unkomplizierte Softwareintegration in anderen Systemen:** Die verwendete Software sollte mit anderen Systemen kompatibel sein und sich problemlos in die vorhandene IT-Infrastruktur integrieren lassen.[16]

Organisationen, die hohe Sicherheitsanforderungen haben, sollten die Verschlüsselung schon vor der Übertragung von Daten implementieren. Die Möglichkeiten der Authentisierung sollten einerseits einfach zu implementieren sein, andererseits jedoch komplex genug, um nicht autorisierten Zugriff zu verhindern. Alle Datenbewegungen sollten protokolliert werden, damit Änderungen leicht nachverfolgt werden können.[17]

## 4. Softwareanbieter in B-2-B Geschäft

Zurzeit gibt es auf dem Markt zahlreiche Anbieter, die verschiedene Lösungen für die Zusammenarbeit im B2B-Bereich anbieten. Eine Kollaborationssoftware kann Unternehmen bei der Verwaltung von Projekten unterstützen und alle Tools bereitstellen, die für eine einfache Kommunikation erforderlich sind.[18] Die eingesetzte Software im Unternehmensumfeld kann eine große Hilfe bei der Organisation von Arbeitsprozessen und der Einsparung von Ressourcen sein. Die Unternehmen müssen, die für ihre spezifische Situation am besten geeignete

---

[16] Vgl. ebd.
[17] Vgl. computerwelt.at (2019).
[18] Vgl. ionos.de (2020).

7

Software finden und sich die folgenden Fragen stellen, die in die Kaufentschei-
dung möglicher Software einbezogen werden sollten:[19]

- Wie sicher ist die Software?
- Wie verlässlich ist die Software?
- Wie innovativ ist die Software?
- Wie ist das Preis-Leistungsverhältnis?
- Ist die Software benutzerfreundlich?
- Wie groß ist der Administrationsaufwand?
- Gibt es genug Möglichkeiten zur Integration anderer Systeme?

In vielen Fällen ist die Auswahl von einer Kollaborationssoftware schwierig. Der
Grund sind die Faktoren, Kosten und Leistungsumfang. Die Softwares werden in
mehreren Preiskategorien angeboten, deren Umfang je nach gewähltem Preis-
modell eingeschränkte bis vollumfängliche Funktionen enthält. Darüber hinaus
muss unterschieden werden, ob die Software lokal oder online gehostet wird und
die Nachteile und Vorteile jeder Möglichkeit in Betracht gezogen werden.[20] In
diesem Kapitel werden die Softwareanbieter, Zoom und Microsoft Teams vorge-
stellt.

### 4.1 Zoom

Der Anbieter Zoom bietet Online-Besprechungen in Form von Videokonferenzen
an. Während einer Besprechung ist es möglich, den Bildschirm mit anderen Teil-
nehmern zu teilen und Dokumente und Dateien auszutauschen. Die Videokonferenzen können auch aufgezeichnet werden, damit andere Teilnehmer, die nicht
anwesend sind, die Videokonferenz ansehen können. Die Stärke von Zoom ist
seine einfache Bedienung und die gute Videoqualität.[21] Um Zoom nutzen zu können, muss zwischen vier Preisstufen unterschieden werden. Einerseits ist Zoom
für Einzelgespräche kostenlos zu benutzen, jedoch können Gruppengespräche
mit maximal 100 Teilnehmer bis zu 40 Minuten gehalten werden. Andererseits

---

[19] Vgl. placetel.de (2020).
[20] Vgl. ionos.de (2020).
[21] Vgl. impulse.de (Hesener, Britta; Unger, Angelika, 13.03.2020).

kann eines der vier Preismodelle basierend auf der Größe der Teilnehmer ausgewählt werden.[22]

- **Zoom Pro**: Die monatliche Gebühr für jeden Moderator beträgt 14,99 USD. Mit diesem Tarif ist die Dauer von Gruppensitzungen auf 24 Stunden begrenzt. Darüber hinaus bietet Zoom Pro die Möglichkeit, Hosts und Be-sprechungs-ID zu erstellen. Besprechungen können in der Cloud aufge-zeichnet werden,
- **Zoom Business**: Die monatliche Nutzungsgebühr für jeden Host beträgt 19,99 USD. Mit diesem Tarif kann beispielweise ein Zoom-Meeting mit ei-ner separaten personalisierten URL und Unternehmensmarke erstellt wer-den. Auch der Kundensupport wird hierbei gewährleistet,
- **Zoom Enterprise**: Dieser Tarif richtet sich an Unternehmen mit mehr als 1.000 Mitarbeitern und kostet pro Monat und Host 19,99 USD. Er bietet einen unbegrenzten Cloud-Speicher zur Verfügung,
- **Zoom-Räume**: Für die Nutzung dieses Tarifes muss nach einer kostenlo-sen 30-tägigen Testversion eine monatliche Gebühr von 49,00 USD be-zahlt werden.[23]

Die Software ermöglicht für die interaktive Zusammenarbeit und Kommunikation die folgenden Features:

- **Video- und Audioübertragung in HD**: virtuelle Meetings sollten so weit wie möglich realen Besprechungen ähneln,
- **Chatfunktion**: wie jede andere Kollaborationssoftware bietet Zoom auch Möglichkeiten zum Schreiben von Chat-Nachrichten und zum Austausch von Dateien,
- **Bildschirmfreigabe**: mit dieser Funktion können den anderen Teilneh-mern eigene Inhalte präsentiert werden. Der Benutzer ist in der Lage be-stimmte Desktop-Fenster oder ganze Bildschirme zu selektieren und für die interaktive Zusammenarbeit ein gemeinsames Whiteboard zu benut-zen,

---

[22] Vgl. pocket-lint.com (Tillman, Maggie, 26.11.2020).
[23] Vgl. ebd.

- **Aufzeichnung der Besprechung**: Videokonferenzen in Zoom können automatisch aufgezeichnet und gespeichert werden, falls diese Option gewünscht ist. Nach Beendigung der Sitzung wird auf dem Computer eine mp4-Datei gespeichert,
- **Rechtefreigabe**: der Moderator kann die Aktivitäten der Teilnehmer während des Meetings steuern. Zum Beispiel kann er bestimmte Benutzer in einen Warteraum schieben oder jemanden aus dem Gespräch werfen,
- **Kalenderintegration**: mit dieser Funktion können beliebige Kalenderprogrammen (z.B. Exchange oder Office 365) mit Zoom verbunden werden, sodass wichtige Termine in einer App aufgerufen und angesehen werden können,
- **Weitere Erweiterungen**: neben den Kernfunktionen bietet Zoom auch weitere Erweiterungen, die je nach Tarif und Unternehmensgröße ausgewählt werden können. Zu den Erweiterungen gehören unter anderem: Webinare, Lernkurse für Universitäten. Darüber hinaus hat Zoom neulich ein eigenes Telefonsystem bereitgestellt.[24]

### 4.2 Microsoft Teams

Die Software Microsoft Teams stammt aus der Microsoft-Familie und ist die optimale Lösung, wenn es um die Zusammenarbeit zwischen Unternehmensabteilungen im B2B-Bereich geht. Für die Nutzung von Microsoft Teams ist nicht zwingend notwendig das Gesamtpaket Office 365 zu erwerben, da fremde im Team eingeladene Personen die Software über einen Link im Webbrowser verwenden können. Die Software ermöglicht eine echte virtuelle Zusammenarbeit über Cloud, sodass die Nutzer auf alle ausgetauschten Dateien und Dokumente zugreifen können. Die Hauptfunktionalitäten, die Microsoft mit der Einführung von Teams ins Leben gerufen hat, sind das gemeinsame Bearbeiten von Dokumenten (Collaboration), eine Chat-Funktion, die in 2 Modi (Chat im Team und 1:1-Chat) aufgeteilt wird, und eine Dashboard-Funktion, mit der es möglich ist, fremde Funktionalitäten von anderen Anbietern in die Software zu integrieren, die bei Microsoft nicht verfügbar sind.[25]

---

[24] Vgl. heise.de (Möhring, Cornelia, 02.11.2020).
[25] Vgl. *Gräfen, H., Microsoft Teams*, 2020, S. 15.

Um Microsoft nutzen zu können, muss zwischen verschiedenen Preisstufen unterschieden werden. Neben der kostenlosen Version gibt es drei kostenpflichtige monatliche Tarife, die je nach Einsatzzweck ausgewählt werden können. In der kostenlosen Version können alle Funktionen von Video- und Audioanrufen genutzt werden, enthält jedoch nur eingeschränkte Funktionalitäten für die elektronische Zusammenarbeit. Jeder Benutzer kann Dateien mit bis zu 2 Gigabyte austauschen, aber keine Desktopprogramme wie Word, Outlook oder Excel verwenden. Zu den Einschränkungen gehören die folgenden Features: Aufzeichnung von Besprechungen, Speicherung und Freigabe von persönlichen Dateien auf OneDrive und technischer Support. Diese Funktionen werden nach dem Kauf eines kostenpflichtigen Abonnements freigegeben. Bei Microsoft Teams gibt es drei unterschiedliche Preismodelle:[26]

- **Office 365 Business Essentials**: Die monatliche Gebühr beträgt pro Benutzer 4,20 Euro. Mit diesem Tarif können Dateien bis zu 1 Terabyte für jeden Benutzer im Chat hochgeladen werden und E-Mail-Adressen mit eigener Domäne und bestimmten Microsoft Office 365-Diensten verwendet werden. Im Vergleich zu der kostenlosen Version enthält Business Essentials alle Funktionen, die für Videoanrufe erforderlich sind.[27]
- **Office 365 Business Standard**: Die Gebühr von Standard beträgt 10,50 Euro pro Benutzer und Monat. Über dieses Abonnement können die benötigten Funktionen für Audio- und Videoanrufe und Chat-Nachrichten vollständig genutzt werden. Dieser Tarif beinhaltet auch Desktopprogramme wie Outlook, Word, Excel, PowerPoint, Access und Publisher. Microsoft bietet hierbei auch einen rund um die Uhr technischen Support,
- **Office 365 E3**: Dieses Abonnement bietet alle Funktionen und kostet 19,70 Euro pro Benutzer und Monat. Durch Auswahl dieses Preismodells kann beispielsweise die Benutzeranzahl und die Größe von Dateien in einem Chat unbegrenzt sein. Dieses Abonnement enthält alle Desktop-Anwendungen im Office 365-Paket, das vollständige Sicherheit und Support garantiert.[28]

---

[26] Vgl. heise.de (Möhring, Cornelia, 21.12.2020).
[27] Vgl. praxistipps.chip.de (Peker, Emre, 18.03.2020).
[28] Vgl. microsoft.com (o.J.).

Die Software von Microsoft stellt die folgenden Kernfunktionen für eine optimale Kommunikation und Zusammenarbeit bereit:

- **Zugriff auf Office 365-Diensten**: mit der Nutzung von Microsoft Teams kann automatisch das gesamte Paket von Office 365 verwendet werden, es kann jedoch nur als Web-Version verwendet werden, da die Desktop-Variante nur zum Kauf kostenpflichtiger Abonnements verwendet werden kann,

- **Integration von externen Anwendungen**: Mit dieser Funktion können andere Anwendungen von Drittanbietern in die Software integriert werden. Beispielsweise werden Projekte und Termine für eine optimale Zusammenarbeit auf einer einzigen Plattform angezeigt,

- **Videokonferenzen**: Wie alle anderen Anbieter können Video- und Audiokonferenzen auch mit Microsoft-Teams abgehalten werden,

- **Break-out Rooms**: Diese Funktion ist eine Neuigkeit in Microsoft Teams, mit der kleinere virtuelle Besprechungsräume in Videokonferenzen gebildet werden können, um die Arbeit in Gruppen zu erleichtern. Für die Verwaltung dieser Funktion gibt es sogenannte Referenten, die jederzeit in der Lage sind, Break-out-Räume zu erstellen, zwischen diesen virtuellen Räumen zu wechseln oder Räume schließen zu können. Die Funktion ist sehr nützlich, um die Gruppenarbeit während des Online-Unterrichts zu unterstützen,

- **Chatfunktion**: Die Chatfunktion bietet alle notwendigen Features, die in der Regel von einem Chat-Dienst bereitgestellt werden,

- **Newsfeed**: Diese Funktion bietet sich an, um Informationen mit einer Arbeitsgruppe zu teilen, wenn der direkte Kontakt nicht gewünscht ist,

- **Speicherung von Dateien in der Cloud**: Dokumente und Dateien können in der Cloud gespeichert und allen anderen Benutzern zur Verfügung gestellt werden,

- **Personalisierung**: Nicht zuletzt bietet Microsoft Teams Benutzern die Möglichkeit, die Benutzeroberfläche nach ihrem Geschmack zu personalisieren. Ausgehend von Textgröße, Hintergrundthemen, Animationen und vielen anderen Tools gibt es viele Möglichkeiten.[29]

## 4.3 Vergleich von Softwareanbietern

In diesem Kapitel werden die Softwareanbieter Zoom und Microsoft Teams verglichen, um die am besten geeignete Software für das B2B-Geschäft in Bezug auf Qualität von Videokonferenzen, Sicherheit und Benutzerfreundlichkeit zu ermitteln.

Grundsätzlich bieten die beiden Anbieter die folgenden Funktionen: Videoübertragung, Bildschirmfreigabe, Chats sowie Datei- und Dokumentenaustausch. Microsoft ist jedoch führend auf dem Gebiet E-Collaboration, da der Anbieter seine Software mit nützlichen Office 365-Anwendungen verknüpft hat, um seinen Kunden die Tools zur Verfügung zu stellen, die sie benötigen. Zoom befindet sich noch in der Wachstumsphase und versucht, seinen Funktionsumfang durch Partnerschaften mit anderen Diensten zu erweitern. Zoom kann in Bezug auf die Benutzeroberfläche definitiv besser abschneiden als Microsoft, da die Software eine intuitive und einfache Benutzeroberfläche entwickelt hat, sodass für Endbenutzer keine aufwendigeren Schulungen erforderlich sind. Für den Einstieg in Microsoft Teams ist es zunächst erforderlich sich mit dem Programm und ihren vielen Funktionen vertraut zu machen, was in vielen Fällen die Notwendigkeit einer Schulung nicht erspart bleibt. Darüber hinaus muss Zeit in der Integration benötigter Office-365-Erweiterungen investiert werden. Diese Bemühungen lohnen sich jedoch auf jeden Fall, wenn es darum geht, den Benutzern ein breiteres Anwendungsspektrum zur Verfügung zu stellen.[30] Zoom bietet eine hervorragende Video- und Audioqualität. Viele Unternehmen entscheiden sich für Zoom, da mit der Software hochwertige Videokonferenzen abgehalten werden können. Videokonferenzen können schnell eingerichtet und sorgfältig gestaltet werden, sodass sich auch Benutzer außerhalb des Unternehmens in das Meeting einwählen können. Selbst wenn die Anzahl der Teilnehmer schnell überschritten wird, bleibt die Qualität der Videokonferenzen mit Zoom stabil. In Microsoft-Teams nimmt die Qualität der Video- und Audioübertragung mit zunehmender Teilnehmerzahl erheblich ab.[31]

---

[29] Vgl. heise.de (Möhring, Cornelia, 21.12.2020).
[30] Vgl. cema.de (o.J.).
[31] Vgl. softwareone.com (Gessler, Homero, 19.10.2020).

Aufgrund des Anstiegs der Benutzerzahl erlebte der Softwareanbieter Zoom im Jahre 2020 ein Phänomen, das sogenannte Zoom-Bombing. Dieser Begriff bezieht sich auf den unbefugten Zugriff von Online-Teilnehmern, die das Ziel hatten, eine aktive Videokonferenz zu stören. Dieses Phänomen trat auf, weil der entsprechende Link mit der entsprechenden ID veröffentlicht wurde, sodass fast jeder an diesem Meeting teilnehmen konnte. Die Einfachheit des Kommunikationsdienstes, mit der Meetings erstellt wurden, und die Tatsache, dass die Software auch kostenlos verfügbar war, führten letztendlich dazu, dass der Dienst zum Ziel von Kriminellen und Hackern wurde. In Sachen Verschlüsselung ist Zoom nicht unbedingt überzeugend, da die Software keine Verschlüsselung bereitstellt, wenn auf das Meeting beispielsweise per Telefon zugegriffen wird. Nach Bekanntgabe der Sicherheitslücken hat der Anbieter zahlreiche Maßnahmen ergriffen, um die Sicherheit zu erhöhen und das sogenannte Zoom-Bombing zu verhindern. Demzufolge wurden Meetings-Einladungen nur mit einem von Zoom erzeugten automatischen Passwort verschickt. Die Verantwortung für Datensicherheit und Datenschutz liegt hauptsächlich bei den Organisatoren, da sie über die Tools und Kontrollrechte verfügen, um Teilnehmer einzuladen oder zu entfernen. Organisatoren müssen Sicherheitsrichtlinien definieren, Zugangscodes und Meetings-IDs vertraulich behandeln, Konferenznummern nicht statisch, sondern dynamisch festlegen und die eingeladenen Teilnehmer überblicken, um sicherzustellen, dass nur autorisierte Teilnehmer an der Besprechung teilnehmen können. Nachdem sich alle eingeladenen Teilnehmer angewählt haben, muss er die Besprechung schließen, um zu verhindern, dass niemand mehr auf die Videokonferenz zugreifen kann. Um eine vollständige Datensicherheit zu gewährleisten, sollte nicht nur die Software geschützt werden, sondern auch die benutzen Endgeräte und die verwendete IT-Infrastruktur.[32]

Microsoft Teams hat ein stabileres Sicherheitskonzept als Zoom. Die Software entspricht internationalen Standards und bietet verschiedene Optionen und Tools für das Sicherheitsmanagement. Alle an den Server gesendeten Daten (z.B. Videoanrufe, ausgetauschte Dateien und Chats) werden verschlüsselt. Es handelt sich hierbei nicht um eine Ende-zu-Ende-Verschlüsselung, sondern um eine

---

[32] Vgl. security-insider.de (Matzer, Michael, Schmitz, Peter, 09.04.2020).

normale Verschlüsselung. Als die Anzahl der Benutzer im vergangenen Jahr 2020 zunahm, beseitigte Microsoft schnell viele Schwachstellen und Sicherheitsrisiken und bewies, dass die Software eine sichere Software für die Zusammenarbeit ist.[33]

## 5. Kritische Betrachtung

In dieser Arbeit wurde nur grob auf die Anforderungen von Kollaborationssoftware eingegangen. Eine ausführlichere Erläuterung hätte den Rahmen dieser Arbeit gesprengt. Kapitel 3 enthält keine vollständige Liste mit den Funktionalitäten und den Sicherheitsaspekten, sondern stellt die wichtigsten Funktionen und Sicherheitsaspekte vor. Für den durchgeführten Vergleich im Kapitel 4 wurden die derzeit gefragtesten Anbieter (Zoom und Microsoft Teams) beschrieben, die von der globalen Pandemiekrise profitiert haben, indem ihre Dienste von Millionen von Nutzern verwendet und gekauft wurden. Neben den in dieser Arbeit vorgestellten Softwareanbietern, existieren auch andere Anbieter, die für den Vergleich relevant sein könnten. Für die Bearbeitung dieses Themas gab es wenig Fachliteratur, sodass vermehrt auf Online-Quellen zurückgegriffen werden musste.

## 6. Zusammenfassung

Ziel dieser Arbeit war es, aktuelle Beispiele von Kollaborationssoftware zu beschreiben, deren Funktionen und Anwendung zu erläutern und einen Vergleich zwischen Anbietern durchzuführen. Auf den vorherigen Seiten wurden zunächst die Begriffe E-Business und E-Collaboration erläutert und anschließend auf die Softwareanforderungen eingegangen. In Kapitel 4 werden die Preismodelle und Funktionalitäten verschiedener Anbieter erläutert und die Stärken und Schwächen der Software im Vergleich aufgezeigt.

Laut den neuesten Entwicklungen im täglichen Leben und auf dem Markt ist eines klar: Die Digitalisierung hat das Leben von Menschen und Unternehmen grundlegend verändert. Bereits bekannte und neue Technologien haben den Arbeitsplatz vieler Berufe in einen digitalen Arbeitsplatz verwandelt. Daten und Dokumente können in der Cloud gespeichert und abgerufen werden, wichtige Dokumente können mithilfe digitaler Signaturen elektronisch unterschrieben werden,

---

[33] Vgl. mittelstand-heute.com (2020).

und die physische Entfernung zwischen Unternehmen und Mitarbeitern spielt heutzutage eine kleinere Rolle. Wenn sich dieser Trend fortsetzt, kann die Zukunft des Arbeitsplatzes das Home-Office sein. All dies ist auf die rasante Entwicklung des Internets und der bereitgestellten Software zurückzuführen, die immer besser wird und neue Möglichkeiten schafft.[34]

---

[34] Vgl. com-magazin.de (Dumont, Andreas, 04.09.2020).

# Literaturverzeichnis

## Quellen aus Fachbüchern und Fachaufsätzen

*Aichele, Christian, Schönberger, Marius* (E-Business, 2016): E-Business - Eine Übersicht für erfolgreiches B2B und B2C, Wiesbaden: Springer Vieweg, 2016

*Barton, Thomas* (E-Business mit Cloud Computing, 2014): E-Business mit Cloud Computing - Grundlagen, Praktische Anwendungen, verständliche Lösungsansätze, Wiesbaden: Springer Vieweg, 2014

*Gräfen, Helmut* (Microsoft Teams, 2020): Microsoft Teams: Praxis Handbuch, 1. Aufl.2020, Frechen: MITP-Verlags GmbH & Co. KG, 2020

*Heinemann, Gerrit* (B2B eCommerce, 2020): B2B eCommerce - Grundlagen, Geschäftsmodelle und Best Practices im Business-to-Business Online-Handel, 2020

*Kober, Christian* (Die Verhandlungsmethoden der Einkäufer, 2018): Die Verhandlungsmethoden der Einkäufer - Wie Verkäufer sie durchschauen und ihnen souverän begegnen, Wiesbaden: Springer Gabler, 2018

*Kollmann, Tobias* (E-Business, 2019): E-Business - Grundlagen elektronischer Geschäftsprozesse in der Digitalen Wirtschaft, 7. Aufl. 2019, 2019

*Meier, Andreas, Stormer, Henrik* (eBusiness & eCommerce, 2012): eBusiness & eCommerce - Management der digitalen Wertschöpfungskette, 3. Aufl. 2012, Berlin, Heidelberg: Springer, 2012

*Wirtz, Bernd W.* (Electronic Business, 2001): Electronic Business, 2., vollst. überarb. und erw. Aufl., Wiesbaden: Gabler, 2001

# Internet-Quellen

cema. (o.J). *Microsoft Teams vs. Zoom – Videokonferenztools im Vergleich.* Abgerufen am 10.01.2021 von https://www.cema.de/blog/microsoft-teams-zoom/

chip. (Peker, Emre, 18.03.2020). *Microsoft Teams: Diese Kosten kommen auf Sie zu.* Abgerufen am 09.01.2021 von https://praxistipps.chip.de/microsoft-teams-diese-kosten-kommen-auf-sie-zu_118384

com-magazin. (2020). *Microsoft profitiert vom Homeoffice-Trend in der Corona Krise.* Abgerufen am 29.12.2020 von https://www.com-magazin.de/news/microsoft/microsoft-profitiert-homeoffice-trend-in-corona-krise-2532245.html

com-magazin. (Dumont, Andreas, 04.09.2020). Der Arbeitsplatz der Zukunft ist schon da. Abgerufen am 21.01.2021 von https://www.com-magazin.de/praxis/business-it/arbeitsplatz-zukunft-da-2572309.html

computerwelt. (2019). *Collaboration-Lösungen: komfortabel und sicher.* Abgerufen am 19.01.2021 von https://computerwelt.at/promotion/collaboration-loesungen-komfortabel-und-sicher/

Fraunhofer IAO. (Bockstahler, Milena, 30.11.2020). *Experiment Homeoffice: Was lernen wir aus der Krise für das Büro der Zukunft?* Abgerufen am 29.12.2020 von https://blog.iao.fraunhofer.de/experiment-homeoffice-was-lernen-wir-aus-der-krise-fuer-das-buero-der-zukunft/

heise. (Möhring, Cornelia, 02.11.2020). *Zoom – Was kann das Meeting-Tool?* Abgerufen am 06.11.2021 von https://www.heise.de/tipps-tricks/Zoom-Was-kann-das-Meeting-Tool-4689985.html

heise. (Möhring, Cornelia, 21.12.2020). *Microsoft Teams: Funktionen und Preise im Überblick.* Abgerufen am 09.01.2021 von https://www.heise.de/tipps-tricks/Microsoft-Teams-Funktionen-und-Preise-im-Ueberblick-4685388.html

impulse. (Hesener, Britta, Unger, Angelika, 13.03.2020). *7 nützliche Programme für die virtuelle Teamarbeit.* Abgerufen am 03.01.2021 von https://www.impulse.de/it-technik/computer-internet/collaboration-tools/3563295.html

ionos. (2020*). Collaboration-Tools: Die besten Anwendungen für mehr Produktivität.* Abgerufen am 18.01.2021 von https://www.ionos.de/digitalguide/e-mail/e-mail-technik/collaboration-tools-die-besten-loesungen-im-vergleich/#:~:text=Ein%20Collaboration%2DTool%20bzw.,Organisation%20oder%20Analyse%20geeignet%20sind

marketinginstitut. (o.J). *Collaboration-Tools: gemeinsam Großes erreichen.* Abgerufen am 19.01.2021 von https://www.marketinginstitut.biz/blog/collaboration-tools/#:~:text=Die%20Nachteile%20der%20Collaboration%2DTools&text=Die%20allgemeinw%C3%A4rtige%20Zug%C3%A4nglichkeit%20von%20Projekten,des%20Informationsmissbrauchs%20gesch%C3%BCtzt%20zu%20sein

microsoft. (o.J). *Die passende Microsoft Teams-Version für Ihr Unternehmen.* Abgerufen am 09.01.2021 von https://www.microsoft.com/de-de/microsoft-teams/compare-microsoft-teams-options?market=de

mittelstand-heute. (2020). Teams, Zoom und Co.: So sicher sind Videokonferenzen. Abgerufen am 13.01.2021 von https://www.mittelstand-heute.com/artikel/teams-zoom-so-sicher-sind-videokonferenzen

placetel. (2020). *Collaboration Tools – Die besten Tools für eine optimale Zu-*
*sammenarbeit.* Abgerufen am 18.01.2021 von https://www.placetel.de/rat-
geber/collaboration-tools-software

pocket-lint. (Tillman, Maggie, 26.11.2020*). Was ist Zoom und wie funktioniert*
*es? Plus Tipps und Tricks.* Abgerufen am 06.01.2021 von https://www.po-
cket-lint.com/de-de/software/news/151426-was-ist-zoom-und-wie-funktio-
niert-es-plus-tipps-und-tricks

security-insider. (Beuchelt, Gerald; Schmitz, Peter, 22.08.2019). *Security-Tipps*
*für die IT-gestützte Teamarbeit.* Abgerufen am 19.01.2021 von
https://www.security-insider.de/security-tipps-fuer-die-it-gestuetzte-teamar-
beit-a-852597/

security-insider. (Matzer, Michael; Schmitz, Peter, 09.04.2020). Risiko Zoom –
Videokonferenz und die Gegenmaßnahmen. Abgerufen am 13.01.2021
von https://www.security-insider.de/risiko-zoom-videokonferenz-und-die-
gegenmassnahmen-a-922502/

softwareONE. (Gessler, Homero, 19.10.2020). *Ein Vergleich der Videokonfe-*
*renzlösungen: Microsoft Teams vs. Zoom.* Abgerufen am 11.01.2021 von
https://www.softwareone.com/de-ch/blog/artikel/2020/09/21/microsoft-
teams-vs-zoom

tagesschau. (2020). *Zoom stark dank Homeoffice.* Abgerufen am 29.12.2020
von https://www.tagesschau.de/wirtschaft/boerse/zoom-wachstum-corona-
101.html

taskworld. (o.J). *Zusammenarbeit und Arbeitsorganisation mit Collaboration*
*Tools neu entdecken.* Abgerufen am 18.01.2021 von
https://www.taskworld.com/de/blog/zusammenarbeit-und-arbeitsorganisa-
tion-mit-collaboration-tools-neu-denken/